끝내 미안하다 말하지 못했다

끝내 미안하다 말하지 못했다

1판 1쇄 펴낸날 2025년 8월 5일

지은이 김수

펴낸곳 시와시학
펴낸이 송영호
대표 김초혜

주소 서울특별시 동대문구 망우로21길 45 (202호)
전화 02-744-0110(대표)
 010-8683-7799(핸드폰)
전자우편 sihaksa@naver.com(회사)
 sihaksa1991@naver.com(편집부)

출판등록 2016년 1월 18일
등록번호 제2021-000008호

ISBN 979-11-91848-30-4 (03810)
값 12,000원

* 저자와의 협의에 의해 인지를 생략합니다.
* 잘못된 책은 바꾸어 드립니다.

이 책은 광주광역시, 광주문화재단 지역문화예술육성지원 사업으로 선정되어 발간하였습니다.

김수 시집
끝내 미안하다 말하지 못했다

시학
Poetics

■ 시인의 말

"천장을 바라보고 반듯이 누워 보세요. 눈을 뜨고 계셔요. 마취약이 들어갑니다."

순간, 천장의 반짝이는 불빛이 사라졌다. 눈을 떠보니 수술실에서 병실로 옮겨져 있었다. 내 몸에서 장기 하나가 사라졌다.

청년 시절에는 폐결핵 말기 환자로, 1980년 5월과 불온의 시대를 지나는 민주화 운동 과정에서 몇 차례 죽음의 경계를 넘어오기도 했다.

몇 년 전부터 나를 시인으로 불러주는 사람들이 생기기 시작했다. 정체성에 대한 고민으로 일 년만이라도 시를 써 보자며 몰입하고 있을 때 병마가 찾아왔다. 시간이 흘러 치유를 위해 떠난 여행길에서, 지리산 둘레길을 걸으면서 다시 시를 쓰기 시작했다.

암 투병 중에 몸짓, 맘 짓으로 쓴 시편들을 모아 첫 시집을 세상에 내어놓는다. 시나브로 생겨나고 사라지는 세포처럼 나의 작품도 기억에서 사라지겠지만,

단 한 편의 시가 누군가의 슬픔에 위로가 된다면 더할 나위 없이 좋겠다. 부족한 마음과 부끄러움이 앞서지만…. 그래, 괜찮아 잘했어, 나를 위로해주고 싶다.

  잠시 눈을 감아 본다. 오래된 마음에 푸른 들숨으로, 붉은 날숨으로 고요의 순간을 마주한다. 몸이 영혼의 집인 것을 서서히 알아가며 경이로운 순간을 마주하기 위해 길을 나선다. 길 위에서 오랜 결핍을 견뎌온 응어리진 통증도, 닿을 수 없는 낮은 사랑도, 내 안의 파랑새도 놓아주어야겠다.

  나의 첫 독자에게 깊은 신뢰와 존경의 마음을 전한다. 첫 시집을 품어준 출판사와 나의 모든 인연과 만유의 생명에게 감사드린다.

2025년 5월
무등산 마을에서
김수 모심

차례

004　시인의 말

제1부

013　마애불 비급秘笈
014　겨울 숲
015　꽃의 안부
016　봄날의 소묘
017　빛
018　땅끝에서
019　배경
020　낙엽을 바라보며
021　풍경
022　무등산 입석대立石臺
024　알
025　님아!
026　너와 내가

제2부

029 금남로 연서
031 그대 살아 있다면
034 들풀처럼 떨어진 이 한목숨
037 당신의 평전을 다시 읽으며
040 아스팔트 농사법
043 긍께, 거시기!
045 죽도竹島의 꿈
047 환벽당環碧堂의 꿈
049 여기, 흰 꽃들이 피어 있다
051 다시, 미안하다
053 나는 하늘을 보았네
055 무등無等의 노래
057 영산강

제3부

061 끝내 미안하다 말하지 못했다
063 푸른 비밀
066 암 선고받던 날
069 환한 마음
070 마음의 자리
071 만신 무당과 국수 이야기
073 송정리 단상
075 홀로 나는 작은 새
076 사랑이 찾아온 순간
078 자화상
080 산다는 것은
082 한울님
083 나의 자유
084 나의 길

제4부

087 가을이 오면
089 겨울나무
090 겨울에 핀 봄꽃
092 운주사 와불
094 궁극의 자유
096 지리산
097 씨앗의 무늬
099 줄탁동시 啐啄同時
100 그런 사람
101 인연
102 오래된 미래
103 동짓날
105 시호시호 이내시호
108 시천侍天 길

109 해설 | 백수인

제1부

마애불 비급秘笈

도솔암 마애불로 가기 위해
선운사에 그림자로 스며드는 시간
아이 속살 같은 느개비
대지와 입맞춤하며 낮게 내리네

어디선가 울리는 풍경 소리
이슬방울 털어내며 잠에서 깨어나는
산새들의 길놀이로 이어지고

풀꽃 향 바람으로 드는 길목
마애불 수호신 6백 년 장사송長沙松에게
마음 모아 백팔 배 올리니
바람만이 호사를 누릴 수 있는
출입 허가증을 내어주네

벅찬 감동의 눈물 숨기며
곡진하게 미륵불에 기도드리고
동학 접주 손화중이 보았던 비급을
천둥 벼락 맞을 각오로 슬쩍 보았네

오래도록 수소문이 돌기 시작했네

겨울 숲

겨울 숲을 바라본 사람은 안다
곧고 잘 자란 나무들과
굽고 휘어진 나무들이
따로 또 같이 살아가기 위해
적절한 거리를 두고 있다는 것을

겨울 숲에 들어가 본 사람은 안다
햇빛을 독차지한 곧은 나무들과
상처로 단단해진 굽은 나무들이
따로 또 같이 살아가기 위해
하염없이 하늘을 응시하고 있다는 것을

겨울 숲의 나무를 안아본 사람은 안다
잘난 채 웃자란 곧은 나무들과
못생기고 투박한 굽은 나무들이
따로 또 같이 살아가기 위해
햇빛과 바람을 품고 있다는 것을

꽃의 안부

꽃이 지는 건
봄날의 절망 아니야
열매 맺는 가을의 희망이야

잎새 지는 건
가을의 절망 아니야

슬픔과 고뇌의 시간을 품는
인내의 과정이야

가슴속에 꽃 한 송이
품고 있는
봄날의 희망이야

그래, 다시
꽃을 피우는
사랑의 숨결이야

이 세상 모두의 꿈이야!

봄날의 소묘

봄빛과

숨은 그늘

그 여백에

전생의 빛

숨 솟는 아지랑이

봄빛은 봄빛

그늘은 그늘

빛숨은 빛숨

여기,

은유의 꽃!

빛

빛은

끝내 외로움을 견디지 못해

달이나 금성 혹은 다른 행성으로

여행을 떠나기도 하지만,

어느 날, 나에게도

아주 작은 풀꽃에게도

살리고 살리는 생명의 씨눈으로

하나 더 하나의 숨결을 주는구나!

땅끝에서

땅이 기운다
하늘도 기운다
태고의 바람도 기울어져 아득하다
무궁히 얽힌 파도는 기울어져 반역을 꿈꾼다
해와 달도 한 몸의 기억으로 기울어져 간절하다

알 수 있는 듯, 알 수 없는
삶과 죽음의 여백이 기울기 시작한다

끝도 없어라
시작도 없어라

배경

그리운 사랑을
여물게 하는
캄캄한 밤 은하수처럼

아름다운 여백을
품을 수 있게 하는
안갯속 풍경처럼

푸른 시간을
꿈꾸게 하는
겨울 숲 나목처럼

서로의 삶을
단단하게 하는
주먹밥 나눔처럼

낙엽을 바라보며

스스로의 적멸로
내려앉는 잎새는
얼마나 경이로운가

낮은 곳 낮은 데서
푸른 시간을 꿈꾸는 일은
얼마나 숭고한 일인가

이별의 상처가 깊어
다시, 사랑할 수 없다는 것은
얼마나 쓸쓸한 일인가

한마음 한 몸짓을
내려놓을 수 있다는 것은
얼마나 절절한 희망이겠는가

풍경

세상의 어느 아름다운 풍경도
상처의 영혼으로 빛이 나네
너와 나, 나와 너
서로의 풍경이 되어
아픈 기억을 나눌 수 있으면 좋겠네

꽃 피는 봄날에도
열매 맺는 가을에도
동트는 신새벽의 수군거림과
저물녘 숨 가쁜 노을의 애틋함으로
숨겨진 상처를 사랑하면 좋겠네

하루 또 하루의
사랑으로
서로의 풍경이 되면 좋겠네

무등산 입석대 立石臺

다시는 오지 않을 오늘에 기대어
빛바랜 햇살을 품고서
반짝이며 묵언 수행 중인
저들의 빛나는 의지여!

무서리 된서리 내리고
초승달 되고 그믐달 되면
천지인의 깊은 사랑이 되어주는
저, 평등의 실천이여!

고래의 꿈이더냐
거북이의 전설이더냐
이제는 돌아갈 수 없는 기억으로
홀로 깊어지는 위로의 시간이여!

꽃 피고 눈 내리는 인고의 시간을
서로의 어깨 켜켜이 내어주며
하늘길을 여는 일렬횡대의 장엄함이여!

저기
푸르름을 품고서
당당하게 서 있는 무궁의 평화여!

보이는 듯, 보이지 않는 듯
눈 감고 깨어 있는
불멸의 초인이여!

알

하늘
땅
우주의
근원에 닿고자 하는

저, 고요!

님아!
– 남파랑 길, 강진 구간에서

마음 둘 곳 없는 포근한 봄날
정처 없는 꽃바람이 분다

이름 모를 풀꽃에 눈빛을 반짝이고
먼나무가 먼나무라며 해맑게 말하며
동백 숲 새소리에 환한 마음을 여는
그대의 봄날

내 인생에 이토록 떨림의 순간이
언제 있었던가?

되돌릴 수 없는 기억을 지우며
순수한 바람이 불어온다
붉은 꽃바람이 일렁이기 시작한다

여기에서 거기에 닿고자 하는 마음

님아!

그대는 나의 봄

너와 내가

자음과 모음이 합쳐져
문자를 만들 듯

문자와 문자가 어울려
하늘을 노래하듯

너와 내가
그럴 수 있다면

끝내 그럴 수 있다면!

제2부

금남로 연서

80년 5월, 더할 나위 없이 푸르른 봄날이었지
시민들은 봄날의 축제를 준비하기 시작했고
독재자들은 득의에 찬 음모를 숨기고 있었지
은밀한 사이렌이 사방팔방으로 흐르기 시작하자
소리 소문 없이 낯익은 이웃들이 사라지기 시작했지
이때, 용봉동에는 봄날의 청춘들이 속속 모여들었고
독재자의 명령으로 망나니들은 날뛰기 시작했지
소문에 꼬리를 물고 금남로에는 수많은 사람이 모이고
예견된 공포의 시간이 스며들기 시작했지
오후 1시, 동해 물과 백두산이 흐르자
일제히 하늘에서는 굉음이 울리고
탕, 탕, 탕, 계획된 총알이 뿜어져 나왔지
금남로에는 피와 살이 솟구치기 시작했지
무등산도 차마 슬픔에 젖어 고개를 떨구고 말았지
어떤 이는 메마른 가슴으로, 누군가는 피눈물로
태극기를 준비하고 합동 장례를 준비하고 있었지
남녘의 모든 도시와 들녘에 봄의 시간은 멈추어 섰지
거리마다 주먹밥을 나누고 피를 나누며
공포와 죽음 속에서도 고립된 광주는 하나가 되었지

그날 이후로 멈출 수 없는 노래는
영산강을 건너, 저 산맥을 넘어 메아리로 흐르고 있지

그대 살아 있다면
– 윤상원 열사

임곡 천동마을,
그대 생가 찾아가는 골목길에
탱자꽃이 유난히 환하네요

그대가 군 복무 시절
부모님에게 보냈던 편지글이
담벼락에 새겨져 있더군요

무엇을 할 것인가?
어떻게 살 것인가?

평범하지 않았던 편지글에서
불온의 시대를 그냥 지나칠 수 없었던
운명의 시간을 엿볼 수 있었습니다

"오늘은 실패로 끝나지만
미래는 승리자로 기억될 것입니다…"

이렇듯,

오월 시민군 대변인 그대는
죽음의 순간을 앞두고 민주주의의 희망을
만천하에 선언하셨습니다

그리고 말씀하셨지요

"우리가 역사 앞에서 부끄럽지 않기 위해서는
누군가 목숨을 내걸어야 한다고…"

총알 한 발도 쏘지 못했던
아니, 쏘지 않았던
지고지순한 평화주의자인
그대여!

아직, 그대 살아 있다면

동학농민군이 건넜던 황룡강 강가에서
야학의 친구들과 피리 불고 기타를 치면서
어깨춤 노래 부르고 있겠지요

그대, 우리 곁에 살아 있다면

어느 날, 어릿광대가 되어
동네방네 웃는 세상 보여주겠지요

더할 나위 없이 순박한 날이면
기순*에게 멋진 연애시 한 편으로
출렁이는 사랑 보여주겠지요

그대 살아 있다면!

* 박기순(1957~1978): 1980년대 전남대생으로 윤상원과 함께 들불야학을 창립하여 노동운동가로 활동. 불의의 사고로 운명. 윤상원 열사와 1982년 2월 망월 묘역에서 영혼결혼식을 함. 이때 헌정된 노래가 〈임을 위한 행진곡〉임.

들풀처럼 떨어진 이 한목숨
– 박용준 열사

무등산 자락길을 지나며
천애 고아로 어린 시절을 보냈던
당신의 숨결을 따라가 봅니다

험한 세상에 적응하기 위해
아니, 살아남기 위해
밤낮없이 신문 배달과 구두닦이로
연명하면서, 학업을 이어 갔지요

타고난 성실성과 정직성을 인정받아
YWCA 신협의 계약직 수금사원이 되어
사무실에서 숙식을 해결하며 지낼 때
함께 근무하던 영철* 형의 배려로
두 칸짜리 신혼집에서 가족처럼 지냈지요

그곳은
들불야학의 역사가 시작된
빈민들의 거주지인 광천동 시민아파트였지요

자연스럽게 야학에 참여하면서

80년 5월을 그냥 지나칠 수 없었던
당신은,

밥벌이로 배운 인쇄공의 경험을 살려
모든 언론이 차단되고 고립된 광주에서
또박또박한 글씨체로 '투사회보'를 찍어내
세상을 밝히는 눈과 귀가 되었지요

27일 새벽,
평소 근무하던 신협 2층 양서조합에서
진압군의 총에 쓰러진 당신 곁에는,
핏물이 흥건하게 고인 철모와 피 묻은
빵 조각이 놓여 있었지요

당신의 마지막 일기장을 보았습니다

"하느님! 왜 저에게는 양심이 있어 이토록
저를 찌르고 아프게 하는 것입니까?
저는 살고 싶습니다"

아, 그런 당신이었습니다!

"들풀처럼 떨어진 이 한목숨
가시밭길 헤치며 살았다
……
날 때부터 고아는 아니었다…"

당신이 외롭고 힘들 때 읊조리던
'고아'라는 노래가 먹먹하게 들려옵니다

당신은 알고 계시겠지요?

당신이 투사회보에 새겼던 글씨체가
'박용준체'로 살아나, 꿈결 같은
민주주의 세상의 자양분이 되어
늘 우리 곁에 있게 됐습니다

---

* 김영철(1948~1998): 광주 5·18 시민군항쟁지도부 기획실장으로, 1980년 5월 27일 새벽 총격 끝에 체포·투옥됨. 고문 후유증으로 18년간 정신질환을 앓다가 운명.

당신의 평전을 다시 읽으며
– 전태일 열사

오늘은 11월 13일,
당신의 기일이군요

그때가 1970년이니
세월이 참 많이 지났습니다
오늘 당신의 이름으로 된 평전을
다시 읽었습니다

요즘
아침에 일터로 나간 형제들이
하루에도 몇 명씩 돌아오지 못하고 있다는
뉴스를 날마다 접하고 있습니다

아마
당신의 평전을 다시 읽은 이유일 겁니다

날마다 명복을 비는 나라에서
무엇을 할 것인가?
어떻게 살 것인지?

당신에게 묻고 싶은 거겠지요

당신은
어린 여공들에게 풀빵을 사주기 위해
버스비를 아껴 두 시간을 걸어 다녔지요

당신의 일기장에 쓰인 글귀도 보았습니다
"나에게 대학생 친구가 한 명만 있었더라도……"

그런 당신은

어머니의 긴 머리카락을 판 돈으로
근로기준법을 사서 읽었지요

("*우리는 기계가 아니다!*
내 죽음을 헛되이 말라!")

타오르는 불꽃으로
사람답게 사는 세상을 향해

'인간선언'을 하였습니다

예수보다 더 짧은 생을 살다 간
당신의 선한 사랑을 마주하고 있습니다

아스팔트 농사법
– 고 정광훈 의장님에게

당신도 소식을 들었겠지요

최근 쌀값 폭락으로
야당 대표가 발의했다는 양곡법이
대통령의 거부권으로 물거품이 됐다던
뉴스 속보가 모든 언론을 장식하고 있습니다

문득,
누구에게나 늘 다정했던
당신의 선한 눈빛이 떠오릅니다

"위메, 으짠다냐 환장허것다
시방도 심들어 죽것는디
촌놈들이 뭔 방법이 있것냐
아스팔트에서 농사 지어야제…"

여전히,
당신의 목소리가 쟁쟁히 들려옵니다

다시 길을 나서야겠지요
당신의 고향인 남도의 끝자락 해남에서
여의도까지 걸음걸음 나서야겠지요
그럼, 물대포로 돌아가신 백남기 농민도 벌떡 일어나
손을 마주 잡고 함께 트랙터에 오르겠지요

다시 다짐합니다
헐거워진 삽자루를 살펴야겠지요
무뎌진 조선낫도 날을 세워야겠지요
트럭에 기름도 가득 채워야겠지요

불온의 시대를 끝내기에는
아직 멀었나 봅니다

하루에 한 사람
이틀에 두 사람
삼백예순 날 삼백예순 사람
길 위에서 농사를 짓다 보면
언젠가 좋은 세상 오겠지요

미안합니다
미안합니다
편하게 쉬셔야 할 텐데요

긍께, 거시기!

쌀값이 폭락했다는
뉴스는 총알보다 빠르다

얼굴이 불콰한 농민들 여러 명이
동네 쌀 수매 창고에 모여 있다

"아따, 미쳐 불것다
우리들이 가만히 있으면 뭔 일이 된당가"

"야, 임마!
법도 모르는 놈이 까불고 있어"

"뭐야, 새끼야!
법이 뭐, 은제부터 밥 멕여 주디야"

"하긴, 니는 법 없이도 살 사람인디"

"아니어야, 법을 모르면 바보 취급당한당께"

"긍께 거시기, 환장허겄다"

"긍께 말이다"

동네 주막집만 매상 오르는 날이었다

죽도竹島의 꿈

– 정여립

천반산天盤山 아래
바람마저 서성이며 건너는
대숲 사라진 자리에서
남루한 한 중년의 사내가
부치지 못할 편지를 쓰고 있다

그대는
차별 없는 세상을 꿈꾸었는가요
벗들과 어울려 지내며
군사훈련도 했더군요
한때는 관의 요청으로
동무들과 함께
왜군을 격퇴하기도 했지요

그대는
모두가 함께 씨를 뿌리고 거두며
어진 자가 나라를 다스리며
만백성이 평화롭게 사랑을 나누는
정녕 그러한 이상 사회를 꿈꾸었는가요

천하가 만민의 공물임을 깨달은
그대가,
대동 세상의 꽃을 피우고자 했던
세계 최초의 공화주의자인
그대가,

무엇이 그리 두려웠을까?

아, 그대의 나라 조선은
그대를 모반의 빌미로
천여 명을 죽이는 피바람을 일으켰지요

수백 년,
새들도 소리 없이 건너는 죽도에서
아들과 함께 생을 마감한 그대여

죽도에 가면
빛바랜 깃발을 들고 있는
하얀 옷을 입은 사내대장부를 만날 수 있다

환벽당環碧堂의 꿈

배롱나무 흐드러지게 피었을까

낮잠 자던 선비의 꿈에
자미탄紫薇灘*에 용이 노닐고 있었다네

하인에게 가 보라 일렀더니
어린 소년이 멱을 감고 있다고 아뢰니
선비 왈, 데려오너라 이른다

어느덧, 소년은 그 선비의 가솔이 되어
주변의 식영정 소쇄원을 드나들던
호남의 명문 선비들과 교류하면서
조선 최고의 가사 문학을 일군다

그런, 그대가
권력의 정점에서
칼춤을 추는 광대가 되어
역사의 물줄기를 바꾸어 놓았구나

그대는 식영정에서 별뫼를 바라보며
"*인간 세상에 좋은 일 많건마는…*"이라고
노래하지 않았던가?

수백 년, 배롱나무꽃 진 자리 선연하다

어찌 한낮의 꿈이 이토록 쓸쓸하리!

* 환벽당, 소쇄원, 식영정을 양쪽으로 품고 흐르는 증암천의 옛 이름.

여기, 흰 꽃들이 피어 있다
– 다시 팽목항에서 20140416

더할 나위 없이 환한 봄날
꽃들은 별이 되었다 한다

깊고 푸른 밤이면
수평선 물길 따라 하얀 꽃으로 피어나
은하수처럼 반짝거린다고 한다

더할 나위 없이 푸르른 봄날
다시 그때의 바람이 부는 팽목항에서
아득한 파도 소리를 들으며
빛바랜 노란 리본을 바라본다

희망처럼 봉긋한 오름길을 오르는
흐드러진 유채꽃밭에서 하하 호호 웃는
평화공원에서 맑은 마음으로 머리를 숙이는
깔깔 웃음꽃 피우며 가족들의 선물을 고르는
너희들의 모습이 선하구나

(기다리란 말 한마디에…)

너희들에게 편지를 쓰고 싶은데
주소를 모르겠구나

너희들에게 전화를 하고 싶은데
차마 할 수가 없구나

상처가 상처에게 다가설 수 없고
슬픔이 슬픔에게 다가설 수 없는
더는 되돌아갈 수 없는 기억으로
기도하고 기도한다

지금 여기,
바닷속 별이 된 흰 꽃들이 피어 있다

다시, 미안하다
− 이태원 참사 20221029

지금,
부르고 싶은 이름들이 있다

지금 여기,
이름 없는 이름들이 있다

너희들이 남긴 가방들
너희들이 남긴 신발들
너희들이 남긴 모자들
너희들이 남긴 꿈과 희망들…

"*인파가 너무 많아요
통제 좀 해주세요*

*압사당할 것 같아요
압사당할 것 같아요
……*"

너희들의 목소리가 허공에 맴도는구나

너희들의 마지막 안간힘이 눈에 밟히는구나
너희들의 마지막 절규가 가슴을 치는구나

이렇게 도시 광장의 길목에서
너희들과 이별 아닌 이별을 하는구나

날마다 명복을 비는 사회에서
다시, 미안하다 말한다

다시는 어른들을 믿지 마라
다시는 정치인을 믿지 마라
다시는 국가를 믿지 마라
다시는 미안하다 말하는 자들을 믿지 마라

다시는, 다시는, 할 말이 없구나!

나는 하늘을 보았네

나는
금남로 '전일245빌딩' 옥상에서
하늘을 보았네

빛숨을 품고서 내려오는
무등산 너머 환한 미소에서
오래된 마음의 음성을 들었네

숨을 들이쉬며 한 문장을
숨을 내쉬며 또 한 문장을
하얀 마음에 새기기 시작했네

무안에서 팽목항에서 이태원에서
금남로에서 남태령에서 광화문에서
머물며 떠돌던 하늘을

나는 보았네!

다시,

살으라 살라
말하는 그 하늘을

'전일245빌딩' 옥상에서
나는 보았네!

무등無等의 노래

그해, 봄날
길을 나선 사람들이 있었다
어떤 이들은 돌아올 수 없는 길로
누군가는 돌아오지 못한 자들을 찾아 나선 이들이 있었다

그 길 위에는
위선과 탐욕의 시간이
차별과 착취의 시간이
억압과 야만의 시간이
공포와 죽음의 시간이
그림자처럼 따라다녔다

그해 봄날이 지나고 언제부터인가
무등에 달빛이 고요히 내리면
하루에 한 사람
이틀에 두 사람
삼백예순 날 삼백예순 사람
길을 나선 이들이
서석대, 입석대, 광석대에 모여

시호시호 칼 노래 칼춤*을 추는 것이 보인다

그렇구나, 우리의 무등은
금남로, 충장로에서
제봉로, 죽봉로에서
광천동, 양동의 거리에서
고개 숙인 이들에게 사랑의 손길을 주며,

길을 나선 이들의 숨결로 흐르는 광주천에도
갑오년의 노래가 흐르는 황룡강에도
시절 염원으로 흐르는 극락강에도
말 없는 사연만 모여든 영산강의 물길 위에도
평화의 따뜻한 눈길을 내어주는구나

아, 무등의
천왕봉, 지왕봉, 인왕봉은
서로서로 사랑의 온기 나누며
거룩한 사랑을 노래하는구나

* 동학의 수운 최제우의 용담검무에서.

영산강

세상과 아랑곳없이
강은 흐르고 있다
새들도 떠나고
고개 숙인 억새들
조용히 바라보며
천천히 흐른다
상처들만 모여든
광주천의 물길에도 길을 내어주고
시절 염원으로 흐르는
극락강의 마음도 읽어가며
소리 없이 흐른다
갑오년의 노래로 흐르는
황룡강의 물길에도 자리를 내어주며
그저 다가올 미래를 향해
먼 여행을 한다
다시는 돌아올 수 없는 기억으로
깊은 사색에 잠겨
멀리 무등산을 바라보며
뒤척이며 흐른다

제3부

끝내 미안하다 말하지 못했다

소설小雪 지나 한파 소식을 접하며
묵은 이사를 한다

작은 집으로 옮기는 일이어서
월세방을 전전하는 일이어서
아픈 기억들만 소환되는 날

혼수품인 세 짝 장롱을
한 짝만 옮기는 허전함에
한파가 먼저 고개를 내미는 날

비우는 삶이 아름답다며
깨끗한 집으로 이사한다며
앞날을 희망으로 채울 수 있다며
애써 좋아하는 당신의 살가운 마음에
무기력한 진실의 시간을 가늠해 본다

남들처럼 집 한 채 장만하지 못한 것이
세상살이가 중요하다며 밖으로만 눈 돌리던

무능력자의 비애 때문이라고
모든 게 나의 헛된 위선 때문이었다고
변명조차 하지 못한, 한파 앞 이삿날

한때는 불온의 시대가 희망이었다고
차마 말할 수 없었다

당신이 좋아하는 무등산을 바라볼 수 있으니
얼마나 멋진 곳이냐며, 말하는 당신의 위로가
먼 여행길에서 돌아와 내 안으로 드는
여행길 같아서 기분 좋은 날,

끝내 미안하다 말하지 못했다

푸른 비밀

버스를 몇 차례 갈아타며
막차로 불회사佛會寺 찾아가는 길

텅 빈 어둠의 침묵 사이로
11월의 첫눈은 소리 없이 내리고
얼굴을 적시며 내리는 눈은
따스하게 젖고 있었다

깊고 깊은 공허의 외길을 따라
발자국을 남기며 들어가는 산사에는,
선홍빛 잔기침이 고요의 시간을 깨우고
달빛만이 쌓이며 캄캄한 길을 밝히고 있었다

어깨에 멘 가방에는 몇 권의 책과 속옷들
그리고 한 주먹씩 먹어야 하는
한 달 분의 약봉지가 담겨 있었다

어느 해, 빛나던 청춘은
서늘한 적막의 시간 앞에서

어머니의 슬픔을 애써 외면하며
순명의 길을 선택하고 싶었다

저녁마다 장작불을 넣으며
반짝이는 별들의 시간을 헤아렸다

간혹, 겨울새의 노래를 들으며
눈부신 한낮의 햇살을 마주했다

구름길 따라 걷기도 하며
하염없이 하늘을 바라보기도 했다

어느 날은 밥 짓는 냄새에
마음이 열려, 대웅전에 들기도 했다

마음 둘 곳 없는 포근한 봄날이었다

절정의 붉은 동백나무 아래
절명하는 염화의 미소를 바라보며

오래도록 무릎을 숙이고 있었다

오래된 푸른 비밀을 풀어내기 시작했다

암 선고받던 날

몰랐습니다

내 몸이
생명을 활짝 피우는 꽃밭인 것을

정말 몰랐습니다

내 몸이
매 순간 사랑의 말을 하고 있다는 것을

욕망도
분노도
어리석음도
마음의 주인인 것을

마음이 닿지 못한 곳에서
위태로움이 시작된 것입니다

이제야, 알았습니다

너무나 많은 날의 슬픔을 품고 있었다는 것을

이제야 알았습니다

생명은 반역이며
생명은 부딪침이며
생명은 무궁한 얽힘이며
생명은 먼 옛날 옛적의 한줄기 숨빛인 것을

흐린 마음의 붉은 눈시울은 말이 없습니다
닿을 수 없는 낮은 사랑이어서,
하염없이 미안해서,
너무 아득하여서…

오랜 결핍을 견뎌온 깊은 슬픔은
이제, 놓아주어야겠습니다

뱉어내지 못한 응어리진 통증도
그만, 내려놓아야겠습니다

한 생명이
보이지 않는 생명체를 품고서
스스로 가야 할 곳을 알아차리듯,
여백의 자리에 다른 이름을 새겨야겠습니다

긴 하루가 덧없이 저물고 있습니다

환한 마음

나, 병들어 날마다 실천하는
새로운 생활 습관이 있네
아침에 눈을 뜨면 얼굴 근육을 풀고
하하하 웃는 연습을 하네
만병의 근원인 스트레스 해소법으로
웃음만 한 것이 없다고 하네
기쁜 일이 있어서 웃는 것이 아니라
웃어서 기쁜 일이 생기는 것이라 하네
그래, 그래, 좋구나
시나브로 하늘을 바라보며 웃고
여기저기 새소리에 웃고
살랑거리는 꽃잎을 보면서도 웃고
그냥 그냥 마냥 마냥 웃고 있네
구름을 바라보며 방글 웃었더니
구름도 나를 마주 보며 벙글 웃어주네
하늘도 새소리도 꽃잎도 구름도
내 안에 환한 마음이네

마음의 자리

내가
그대에게
지극한 마음을
들여놓기 시작하자
내 안에
미워하는 마음이
사라지기 시작했다

내가
그대에게
미워하는 마음을
내려놓기 시작하자
내 안에
환한 마음이
들어오기 시작했다

만신 무당과 국수 이야기

 어릴 적 아버지가 병마로 식음을 제대로 못 하고 꽤 오랫동안 누워 있었다 병원을 여러 군데 다녀 봤지만, 도저히 원인을 알 수 없었다 집안에 시름은 날로 깊어져 불안감이 오래 지속되었다 어느 날 어머니가 만신 무당에게 다녀오더니 귀신에 씌었으니 굿을 해야 한다면서 아버지의 의견을 묻자 수긍하였다

 석류나무가 벌겋게 입을 벌리기 시작한 어느 손 없는 날, 굿이 시작되었다 무당은 이웃 아저씨들에게 아버지를 가마에 태워 집 마당을 한 바퀴 돌게 한 뒤에 자리에 앉게 하더니, 길게 늘어진 당목천을 찢으며 가로지르고, 섬찟한 작두날을 나비처럼 타기 시작했다 징 소리, 태평소 소리에 어깨춤 신명으로 알 수 없는 주문을 외면서 칼춤을 추더니, "네 이놈 물렀거라"를 연신 외치기 시작했다 순간, 아버지 머리에 쓰인 바가지를 칼로 내려치자 갈라진 바가지 사이로 아버지의 메마른 눈빛이 반짝했다

 그날 저녁 아버지는 어머니에게 따뜻한 멸칫국물

국수가 먹고 싶다고 하더니, 한 그릇을 다 비우고 깊은 잠이 들었다 다음 날 아침, 아버지는 아무 일이 없었던 것처럼 출근하였다

그 뒤로 무당은 우리 집안의 구세주가 되었고 국수는 아버지를 살린 음식이 되었다 어린 시절부터 국수를 좋아하는 나에게 어머니는 늘 말했다 너는 다음에 꼭 국숫집 딸에게 장가가거라 오래된 마음에 국수처럼 길고 깊은 숨결이 흐르고 있다

송정리 단상

어떤 이들에게는 애틋한 추억으로
누군가에게는 쓸쓸함으로
부단한 발걸음이 흐르고 있다

"나두야 간다 이 젊은 청춘을…"
부르던 시인의 노래와
"쑥대머리 귀신형용…" 한 대목이
정처 없이 떠도는 말들과 섞이고 있다

까까머리 소년의 '기브 미 초콜렛'이 노래처럼 흐르며
미제의 배설물이 넘치던 기지촌의 기억도
한 시대와 함께 저물어가고
여전히 '양키 고 홈'이 귓전에 맴돌고 있다

80년 5월에는 작전명 '화려한 휴가'를
지휘하기 위해 학살자가 다녀간 후로
여전히 헬리콥터 소리가 귓전에 맴돌고 있다

"오늘 우리는 패배할 것입니다.
그러나 내일은 우리를 승리자로 기억할 것입니다"

오월 대변인의 마지막 기자회견이
어등산에 잠든 의병들의 정령을 깨우며,

오늘은
동학농민군이 건넜던 황룡강의 물길이
소리 없이 영산강에 몸을 내어주며
그저 다가올 미래를 향해
멀고 먼 여행을 시작한다

누군가
황룡강의 물소리로 노래를 한다
누군가
어등산의 바람으로 노래를 한다

어디선가, 침묵의 아우성이 들려온다

홀로 나는 작은 새

아득한 바람의 기억을 품고서
무궁한 여백을 소실점으로
홀로 나는 작은 새여!

적멸을 꿈꾸는 날갯짓으로
저, 산맥 넘어 붉은 노을 속으로
홀로 나는 작은 새여!

먼동이 떠오르는 첫새벽을
한 점, 한 금, 한 그물코를 치솟아
홀로 나는 작은 새여!

해와 달과 별들의 사이사이를
홀로 나는 작은 새여!

깊고 깊은 그리움의 끝자락
불멸의 사랑에 닿을 수 있다면,

가자, 허령 창창의 저 하늘로
지상의 숲에 머무는 작은 새여!

사랑이 찾아온 순간

나무가
땅속으로 뿌리를 내리는 것은
슬픔을 숨기고 싶기 때문이다
고통을 감싸고 싶기 때문이다

나무가
땅속 깊이 뿌리를 내리는 것은
하늘님 몰래
눈물을 감추고 싶기 때문이다

나무가
하늘을 바라보는 것은
슬픔을 위로해주고 싶기 때문이다
고통을 덜어주고 싶기 때문이다

나무가
하늘을 깊이 바라보는 것은
하늘님 몰래
눈물을 닦아주고 싶기 때문이다

그렇게 그렇게
사랑이 찾아온 순간
꽃이 피기 시작했다

자화상

변해야 하는 것과
변하지 않아야 하는 것

사이

빛바랜 명예와
아득한 사랑

세상의 불의와
나와의 불의

사이

거친 분노와
위태로운 변명

모든 혁명의 구호와
약속된 발걸음

사이

나의 오만과
우리들의 편견

살아온 날과
살아가야 할 날

사이

고뇌와 화해의 시간과
폐기할 수 없는 강령

오래된 과오와
질문

사이

고요의 집 한 채

산다는 것은

산다는 것은
겨울 빈 들녘에 서서
한 줌의 씨앗을 품고 있는
대지의 마음이 되는 일이다

산다는 것은
굽이굽이 흐르는
어느 강가에 앉아
하염없이 눈물 흘리는 일이다

산다는 것은
한밤중 산에 올라
붉은 달빛 바라보며
통곡의 노래 부르는 일이다

산다는 것은
존귀한 밥그릇을 위해
밤낮을 헤매는 이들의
희망의 마음이 되는 일이다

산다는 것은
온 하늘, 온 땅 위에
새 생명 꽃피우기 위해
거룩한 분노를 키우는 일이다

한울님

오늘
이른 아침
아내 출근길,

뒷모습 바라보며
하얀 마음에
은은한 그리움으로
남몰래 쓴다

'아내는 한울님이다'

마음속 깊은
내 말이 아니다

해월 선생님 말씀!

나의 자유
– 논어 단상

잠시 멈출 수 있는 이유로
나는 나의 자유가 된다

무엇에 사사로움이 없는 이유로
나는 나의 자유가 된다

무엇을 반드시 하지 않을 이유로
나는 나의 자유가 된다

무엇에 신념마저 내려놓을 이유로
나는 나의 자유가 된다

무엇이 반드시 되지 않을 이유로
나는 나의 자유가 된다

내 안의 나를 품을 수 있는 이유로
나는 나의 자유가 된다

나의 길

어릴 적,

바가지에
국수 가득
사카린 넣어
펌프 물에 말아 먹었다

아흐,
보리 개떡은
눈칫밥 잔칫날이다

나, 그래도
무등산 지리산 오르고
한라산 백두산 바라보고 산다

제4부

가을이 오면

가을이 오면 여행을 떠날 거예요
들로 산으로 강으로 바다로
아니면 낯선 도시도 좋아요

불현듯, 삶이 위태로움으로 뒤척거릴 때
남녘땅 어느 바닷가에서
얽힌 파도의 부단한 몸부림을 바라볼 거예요
그리고 붉은 노을 속으로 걸어가는
날개 접은 새들을 바라볼 거예요

어느 들길에서는
꽃 진 자리에 살가운 바람이 서성이는지
어느 산길에서는
열매 맺는 자리에 한 움큼의 햇살이 머무는지
깊이 바라볼 거예요

어머니 허리춤처럼 돌아가는
어느 강길에서는
삽자루를 들고 빈 들녘에 그림자처럼

서 있는 농부를 바라볼 거예요

낯선 도시의 허름한 선술집에 들어서는
메마른 가슴들이 모인 술잔을 바라보고
노동을 떠난 선한 이웃들을 생각하며
쓰린 가슴으로 취해도 볼 거예요

가을의 끝자락에는 어느 숲에 머물며
앙상하게 서 있는 나무들을 안아 볼 거예요
그리고 하염없이 푸른 하늘을 바라보며
새 떼들이 남겨놓은 음표로 노래를 부를 거예요

여행길에서 돌아오는 날에는
소식 없는 벗들에게 편지를 쓸 거예요
다시 가을이 오면 함께 여행을 떠나자고요

겨울나무

하루는 꽃을 피웠던 너를

하루는 열매를 맺었던 너를

하루는 묵언 수행하던 너를

하루는 이파리를 떨구던 너를

하루는 공허를 응시하던 너를

하루는 애기달을 품고 있던 너를

삼백예순 날 꿈같은 그리움으로 바라본다

마침내 다시 돌아올 너를 기다리며

겨울에 핀 봄꽃

철모른 봄꽃이 피기 시작하네

한라산에는 그 봄날의
슬픔을 전하기 위해
소리 없이 먼저 피었네

인적 없는 지리산 자락 길에는
아득한 풍경 소리를 들으며
경전의 전언으로 붉은 꽃이 피었네

땅끝의 얽힌 파도 소리를 들으며
남녘의 꽃소식은 아랑곳없네

봄꽃들, 반도의 철조망 사이로
그리운 눈빛 나누며 서로의 안부 전하네

백두산에는 남녘의 봄꽃 속삭임에
아스라이 고개를 내미네

긴 적막의 위태로운 시절에
다정한 위로의 시간으로 봄꽃이 피네

궁극의 빛무리를 품으며
저 태고의 바람으로 피기 시작하네

한 몸의 기억으로 서로의 향기를 품으며
슬픔을 이겨낸 봄꽃이 오네

운주사 와불

백 년을 천 년을
하늘을 바라보며 누워 있는지
그것도
함께 누워 있는지 궁금하다

사람들은
부부 와불이라서
두 손을 마주 잡고
있다고 한다

남쪽 하늘에
별 무리 가득한 날이면
두 분은 아무도 모르게
어디를 다녀오시는지

알고 싶다

사람들은
환생하는 미륵불로

어느, 개벽의 날을
잉태할 것이라고 한다

정말 알고 싶다

왜 사람들은
와불 앞에만 서면
두 손을 모으는지 간절하게
두 손을 모으는지

궁극의 자유
– 월남사月南寺 폐사지에서

너는 외롭지 않겠다

긴 적막 속으로
월출이 그림자를 길게 드리우며
안부 전하지 않더냐

그리움으로 밤잠 지새울 때는
첫 햇살을 바람결에 보내며
사랑의 눈길을 주지 않더냐

천 년의 고요를 품고서
간혹 새들도 살가운 노래를 들려주며
밤이면 별들이 내려와 따스한 온기 나누지 않더냐

정말, 너는 외롭지 않겠다

꽃이 피고
비가 오고
낙엽 지고

눈이 오고

아득한 세월 위에
보이는 듯, 보이지 않는 듯
3층 석탑처럼 그렇게 네가 서 있구나

지리산

바라만 볼 수 없었습니다
상처가 상처에게 위로의 말을 건네며
서로의 안부가 궁금해지는 시간입니다
그냥 외면할 수 없었습니다
다정한 이웃들을 만날 수 없는
숨겨진 날들이 곳곳에 흩어져 있습니다
억눌린 슬픔의 시간은 길어지고
위태로운 신호들이 소리 없이 밀려옵니다
메마른 어깨들은 기댈 곳을 찾아 나서고
마음 둘 곳 없는 불안한 눈빛들은
정처 없이 길거리를 떠돌고 있습니다
드러낼 수 없는 조각난 시간 앞에서
하염없이 속울음 쏟아내고 싶을 때
말없이 자기 몸을 내어주고 있다는 것을
미처, 몰랐습니다
다시 아름다운 질서를 향한 먼 발걸음에
환한 길잡이가 되어준다는 것을
정말, 몰랐습니다

씨앗의 무늬

하루는
숨은 곳 숨 솟는
천 리 길 물씨로

하루는
세상을 밝히는
잉걸불 불씨로

하루는
낮은 곳 넓히는
새 생명 풀씨로

하루는
이웃을 반기는
너른 품 말씨로

하루는
사랑을 키우는
서로의 맘씨로

하루 또 하루는
살으라 살리는
하늘땅 씨앗으로

줄탁동시 啐啄同時

알은,

어떠한 해석으로도 깨어나게 할 수 없다

어떠한 경전으로도 깨어나게 할 수 없다

어떠한 언어로도 깨어나게 할 수 없다

어떠한 기도로도 깨어나게 할 수 없다

오직
품어야만 한다

서로 마음 열어야 한다

그런 사람

약속을
생명처럼 여기는 사람
말이 없고 어리숙하지만
눈빛이 빛나는 사람
매사에 서툴지만
책임감에 빈틈이 없는 사람
이웃들의 아픔과 슬픔에는
언제나 손 내밀어주는 사람
항상 수줍어하면서도
환한 모습으로 웃어주는 사람
때가 되어 두둥, 북소리 울리면
누구보다 한 걸음 앞서가는 사람

때론
하염없이 하늘을 바라보는 그런 사람

인연

길 위의
어느 고독한 산책자는
만날 사람은 반드시 만나는 게
인연이라고 하네

맺고 잊히는 수많은 인연과
아직 오지 않는 인연 사이,
그리운 이여

백 년 천 년 뿌리 내린 나무처럼
여전히 내 안에 머물고 있는
차마 지울 수 없는 그대가 있네

안녕, 안녕, 파랑새여
꽃 피기 전에 돌아오면 좋겠네

오래된 미래

내 것도 아닌
네 것도 아닌
저기
태곳적 영원의 하늘!

내 것도 아닌
네 것도 아닌
여기
일하는 사람들의 땅!

내 것도 아닌
네 것도 아닌
우리
숨 솟는 천지 마음!

동짓날

내가 당신에게 가는 길과
당신이 내게로 오는 길이
이별 없는 이별이어서
손 마주 잡지 못했습니다

내가 당신에게 가는 길과
당신이 내게로 오는 길이
태고의 시간처럼 아득하여
마음 다 주지 못했습니다

내가 당신에게 가는 길과
당신이 내게로 오는 길이
서로 다른 길이지만
하나였으면 좋았겠습니다

당신과 내가
어찌, 이토록 긴 이별의 시간을
마주해야 하는지요
어느 곳에서나 없이 계신 님이시여

언젠가 우리,
하나 되어 큰 울음 낳겠지요

시호시호 이내시호

나의
오래된 마음
시천時天을 만나,
남원 교룡산성
은적암 간다

꿈인가 생시인가?

보국안민輔國安民의 문을 연
개남 장군의 형형한
눈빛을 마주하며,
물구름 지령地靈에
발걸음 멈춘다

보라
숨빛을 보라

한 줄기 물빛이 솟아나
구름도 머무는 자리

청수 올려
두 손 모으니

지극한 마음이
내 안에 내려와
서로서로 어울려
기쁘구나 기쁘구나

지금, 여기
온누리에 내리는
신명神明을 보라

궁궁을을하여라
궁궁을을하여라

나 이제,
시호시호 이내시호
칼춤 추며
노래 부르며

만물의 평등 세상
시천侍天 길 간다

시천侍天 길

그땐, 알 수 없었습니다
아득한 길 위에서
첫걸음이 그 길의 끝에 닿을 수 있다는 것을

그땐, 정말 알 수 없었습니다
길을 잃었을 때도
한 걸음이 그 길의 끝에 닿을 수 있다는 것을

이제는 알 것 같습니다
첫걸음, 한 걸음을 내딛는 일이
경이로운 순간을 마주할 수 있다는 것을

하늘이 하늘을 품고 있듯이
그대에게 가는 길은 둘이 아닌
늘 하나인, 한길이겠지요

약속 없는 기다림처럼 그 길은 말이 없습니다

■ 해설

마음 수행의 시학
– 마음의 자리에서 세상 보기

백수인(시인·문학평론가)

　모든 예술은 인간의 마음에서 비롯된다. 조형이든 음악이든, 그 표현 방식은 다르지만 그 밑바탕에는 작가의 내면과 감정, 사유의 흐름이 깔려 있다. 시는 그중에서도 마음을 언어로 빚어내는 예술이다. 시는 마음의 결을 따라 흐르며, 그 언어의 결은 다시 독자의 마음에 파문처럼 번진다.

　김수 시인의 이번 시집은 마음 수행을 드러내는 시편들이 중심에 있고, 그 수행의 길에 동학과 불교가 동행한다. 그리고 시인은 그 마음의 눈으로 오늘의 사회와 역사, 그리고 인간 존재의 고통을 정면으로 응시한다.

마음의 자리, 시의 자리

김수 시인에게 마음은 단순한 감정의 주머니가 아니라 수행과 변화를 거쳐 비로소 자리를 찾는 살아있는 존재로 드러난다. '마음'이라는 존재의 본질과 그것이 타자와의 관계 속에서 어떻게 깨어나고 치유되며, 마침내 해탈에 이르는지를 보여주는 내면 수행의 기록이라 할 수 있다.

내가
그대에게
지극한 마음을
들여놓기 시작하자
내 안에
미워하는 마음이
사라지기 시작했다

내가
그대에게
미워하는 마음을
내려놓기 시작하자
내 안에

환한 마음이

들어오기 시작했다

- 「마음의 자리」 전문

앎은,

어떠한 해석으로도 깨어나게 할 수 없다

어떠한 경전으로도 깨어나게 할 수 없다

어떠한 언어로도 깨어나게 할 수 없다

어떠한 기도로도 깨어나게 할 수 없다

오직
품어야만 한다

서로 마음 열어야 한다

- 「줄탁동시啐啄同時」 전문

「마음의 자리」는 '나'와 '그대' 사이의 관계를 통해 마음의 본질과 변화를 섬세하게 그려낸다. 시적 화자는 '그대'에게 지극한 마음을 열기 시작하면서 내면의 미움이 사라지는 경험을 하고, 반대로 미워하는 마음을 내려놓자 환한 마음이 스며드는 변화를 겪는다. 이때 '마음'은 고정된 성질이 아니라, 타자와의 관계 속에서 끊임없이 변화하는 생명력 있는 존재로 나타난다. '지극한 마음'과 '미워하는 마음'은 상반된 감정이지만, 둘 다 '그대'라는 타자를 향할 때만 진정한 자리에서 작동한다. 이는 곧 화자의 마음은 홀로 존재하지 않으며, '그대'와의 관계 속에서만 정화되고 채워진다는 의미이다. 마음의 자리란 곧 '그대'를 향한 자리이며, 그 관계가 열릴 때 비로소 미움은 사라지고 환함이 깃든다는 것이다. 이는 타자를 향한 사랑과 용서가 자기 내면을 치유하는 힘이 되고 있음을 보여주는 서정적 성찰이다.

「줄탁동시啐啄同時」는 병아리가 알 안에서 쪼는 소리[啐]와 어미가 밖에서 쪼아 돕는 소리[啄]가 동시에 일어나야 생명이 탄생한다는 불교적 은유를 바탕으로 한다. 이 시는 알을 깬다는 행위가 단순한 의지나 외부적 자극으로는 이룰 수 없음을 강조한다. 해석, 경전, 언어, 기도, 이 모두 깨어남의 조건이 될 수 없으며, 오직 '품음'과 '마음의 열림'만이 진정한 깨달음의 길임을 제시한다. 이때 '나'와 '그대'의 관계는 깨어남의 조건이자 방법이다. 한쪽의 일방적 노력으로는 변화나 탄생이 불가능하며, 서로가 마음을 열어야만 존재의 본질적 변화, 즉 내면의 깨달음이 가능하다는 것이다. 이 마음의 상호성은 줄탁의 순간처럼 절묘하고 필연적이다. 이 시는 결국 타자와의 관계 속에서만 자아가 진정으로 깨어날 수 있으며, 마음은 '품는 행위' 속에서만 의미를 갖는다는 깊은 통찰을 지니고 있다.

이처럼 김수 시인은 '나'와 '그대'의 관계 속에서 마음의 본질과 변화를 탐구한다. 「마음의 자리」는 마음의 정화와 치유가 타자와의 진실한 소통에서 비롯됨을 보여주며, 「줄탁동시」는 마음의 깨달음 역시 상호적 품음과 열림에서 가능하다는 깨우침을 담고 있다. 결국 시인은 마음이란 홀로 완성되는 것이 아니라 '그대'라는 관계 속에서만 비로소 제자리를 찾는다는 시적 진실을 표명하고 있는 것이다.

> 남들처럼 집 한 채 장만하지 못한 것이
> 세상살이가 중요하다며 밖으로만 눈 돌리던
> 무능력자의 비애 때문이라고
> 모든 게 나의 헛된 위선 때문이었다고
> 변명조차 하지 못한, 한파 앞 이삿날

한때는 불온의 시대가 희망이었다고
차마 말할 수 없었다

당신이 좋아하는 무등산을 바라볼 수 있으니
얼마나 멋진 곳이냐며, 말하는 당신의 위로가
먼 여행길에서 돌아와 내 안으로 드는
여행길 같아서 기분 좋은 날,

끝내 미안하다 말하지 못했다
        - 「끝내 미안하다 말하지 못했다」 부분

이제야 알았습니다

생명은 반역이며
생명은 부딪침이며
생명은 무궁한 얽힘이며
생명은 먼 옛날 옛적의 한줄기 숨빛인 것을

흐린 마음의 붉은 눈시울은 말이 없습니다
닿을 수 없는 낮은 사랑이어서,
하염없이 미안해서,
너무 아득하여서…

오랜 결핍을 견뎌온 깊은 슬픔은
이제, 놓아주어야겠습니다

뱉어내지 못한 응어리진 통증도
그만, 내려놓아야겠습니다

한 생명이
보이지 않는 생명체를 품고서
스스로 가야 할 곳을 알아차리듯,
여백의 자리에 다른 이름을 새겨야겠습니다

긴 하루가 덧없이 저물고 있습니다
- 「암 선고받던 날」 부분

두 작품은 모두 전환의 고비에서 '마음 수행'의 태도를 보여주는 깊은 성찰의 시이다. 존재의 고통과 후회를 외면하지 않으면서도, 그것을 한 단계 초월하는 길로 전환하려는 시적 주체의 내면 여정을 그리고 있다.

「끝내 미안하다 말하지 못했다」는 자책과 회한, 그리고 내면의 침묵으로 빚어진 작품이다. "남들처럼 집 한 채 장만하지 못한" 현실적 결핍은 곧장 자아비

판으로 전이된다. 그러나 이 자책은 단순한 자기 연민이나 무력감에 머물지 않고, "여행길에서 돌아와 내 안으로 드는" 순간에 이르러 마음을 돌이키는 전환을 이룬다. 그것은 '무능력자의 비애'와 '헛된 위선'의 마음을 덮는 "당신이 좋아하는 무등산을 바라볼 수 있으니/ 얼마나 멋진 곳이냐며, 말하는 당신의 위로"에서 비롯한다. 화자는 결핍을 탓하지 않고 긍정적 마음으로 현실에 다가서는 '당신'의 마음에 젖어든다. 여기서 "끝내 미안하다 말하지 못했다"는 고백은 언어 너머의 참회이자, 말하지 못한 것을 통해 더 깊이 말하는 역설적 수행의 언어이다. 수행의 길에서는 말보다 '느낌'과 '깨달음'이 더 중요하다. 따라서 시적 화자는 불완전한 삶을 통해 완전한 마음의 태도를 모색하는 생의 길에 서 있다고 할 수 있다.

「암 선고받던 날」은 보다 직접적으로 마음 수행의 심연을 보여준다. 생명을 '반역'이라 말하는 구절은 생의 고통과 저항을 역설적으로 긍정하는 표현이다. 생명은 수동적인 것이 아니라, '부딪침'과 '얽힘'의 연속이며, 이는 곧 모든 존재가 끊임없이 영향을 주고받는 윤회의 흐름 속에 있다는 불교적 인식과 맞닿아 있다. 시적 자아는 흐린 눈시울 속에서 하염없는 미안함과 아득한 거리감을 토로하며, 오랜 결핍을 놓아주고자 결심한다. '응어리진 통증'을 '내려놓는다'는 구절은 명백한 수행의 행위로, 집착을 내려놓는 참회의 마음이다. 수행은 고통을 제거하는 것이 아니라, 고통을 있는 그대로 받아들이고 거기서 자유로워지는 길이다. 그런 점에서 "여백의 자리에 다른 이름을 새겨야"겠다는 결심은 과거의 상처에 새로운 의미를 부여하고자 하는 '업의 전환'이자, 다시 태어나려는 마음의 결기이다.

시인은 이처럼 인생의 길에서 만나는 어려움 앞에서, 자기를 돌아보고 고요히 내려놓으려는 수행자의 태도를 공유한다. 말하지 못한 미안함도, 병마 앞의 공포도 궁극에는 '마음'으로 돌려지는 대상이며, 시적 자아는 거기에서 '알아차림'의 순간에 이른다. 따라서 이 시편들은 단순한 자기 고백이 아니라, 자기를 떠나 진정한 무아無我로 향하려는 수행적 글쓰기의 결과이다.

마음 수행과의 동행

김수 시인의 마음 수행의 길 위에는 종교적 사상이 깊이 스며 있다. 그의 시에는 이념이나 신앙의 교리를 직접 설파하는 언어는 지양하고 있지만, 삶과 죽음을 바라보는 통찰, 고통을 껴안는 태도, 그리고 언어 바깥의 고요함을 향한 시적 염원이 담겨 있다. 특히 불교와 동학의 세계관은 그의 시정신을 지탱하는 뿌리로 작용한다.

저녁마다 장작불을 넣으며
반짝이는 별들의 시간을 헤아렸다

간혹, 겨울새의 노래를 들으며
눈부신 한낮의 햇살을 마주했다

구름길 따라 걷기도 하며
하염없이 하늘을 바라보기도 했다

어느 날은 밥 짓는 냄새에
마음이 열려, 대웅전에 들기도 했다

마음 둘 곳 없는 포근한 봄날이었다

절정의 붉은 동백나무 아래
절명하는 염화의 미소를 바라보며
오래도록 무릎을 숙이고 있었다

오래된 푸른 비밀을 풀어내기 시작했다

― 「푸른 비밀」 부분

백 년을 천 년을

하늘을 바라보며 누워 있는지

그것도

함께 누워 있는지 궁금하다

사람들은

부부 와불이라서

두 손을 마주 잡고

있다고 한다

남쪽 하늘에

별 무리 가득한 날이면

두 분은 아무도 모르게

어디를 다녀오시는지

알고 싶다

사람들은

환생하는 미륵불로

어느, 개벽의 날을
잉태할 것이라고 한다

정말 알고 싶다

왜 사람들은
와불 앞에만 서면
두 손을 모으는지 간절하게
두 손을 모으는지

- 「운주사 와불」 전문

「푸른 비밀」은 마음 수행의 일상성과 영적 각성을 동시에 드러낸다. 화자는 저녁마다 장작불을 넣으며 별들의 시간을 헤아리고, 겨울새의 노래와 한낮의 햇살을 마주하며 자연과 함께 호흡한다. 이는 단순한 자연 예찬이 아니라, 일상의 감각적 체험을 통해 무상無常의 진리를 체득하려는 수행자의 태도이다. "밥 짓는 냄새에/ 마음이 열려, 대웅전에 들기도 했다"는 구절은 모든 일상의 기미가 곧 깨달음의 계기가 될 수 있음을 말해준다. 나아가 "절정의 붉은 동백나무 아래/ 절명하는 염화의 미소"라는 구절은 석가모니의 염화시중拈華示衆 장면을 떠올리게 한다. 이는 언어를 넘어선 깨달음의 세계, 즉 무언의 법문을 상징한다. 동백의 붉음은 생사의 극점을 가리키고, 그 아래 무릎을 꿇고 있는 자아는 오래된 '푸른 비밀'을 풀어낸다. 푸르름은 불이不二의 지혜, 생멸을 초월한 진리의 빛깔이다. 이처럼 이 시는 한 편의 선문답처럼 마음의 전환과 무념의 경지를 암시하며, 수행이란 얼마나 깊은 침묵 속에서 이루어지는지를 보여준다.

　반면 「운주사 와불」은 부처의 형상과 신화를 빌려 삶과 죽음, 인간의 신앙심을 응시한다. 시적 자아는 와불臥佛의 형상을 바라보며, "함께 누워 있는지 궁금하다"라고 말한다. 부부 와불로 불리는 이 조각은 단순한 석불이 아니라, 인간관계의 이상적 상태, 혹은 열반의 조화로운 형상으로도 볼 수 있다. 별 무리 가득한 밤이면 '두 분'이 어디를 다녀오는지 묻는 목소리는 동심의 순수함을 띠면서도, 윤회와 환생의 시간적 차원을 함축하고 있다. 특히 "환생하는 미륵불로／ 어느, 개벽의 날을／ 잉태할 것"이라는 대목은 불교의 미륵 신앙과 동학의 개벽 사상을 중첩시킨다. 이때 와불은 정지된 상징이 아니라, 내일을 품은 시간의 은유가 된다. 마지막 연의 "왜 사람들은／ 와불 앞에만 서면／ 두 손을 모으는지 간절하게／ 두 손을 모으는지"는 언어로 표현할 수 없는 믿음과 공경, 혹은 절박함을 드러낸다. 이는 불교에서 말하는 '무문관'의 경계, 즉 이해보다 체험을 중시하는 신앙적 태도에 가깝다.

　두 작품은 모두 부처의 이미지나 사찰의 풍경을 빌려와 수행자의 마음과 대면한다. 그러나 그것은 종교적 경배의 외형이 아니라, 수행의 내면성에 주목하는 언어적 실천이다. 자연과 신상을 마주하는 태도, 삶과 죽음 앞에서의 무릎 꿇음, 말로 다 전할 수 없는 염원을 간직한 침묵의 순간들 속에서, 시인은 '마음의 종교'로서 불교를 시로 구현해 낸다.

　　그땐, 알 수 없었습니다
　　아득한 길 위에서
　　첫걸음이 그 길의 끝에 닿을 수 있다는 것을

　　그땐, 정말 알 수 없었습니다
　　길을 잃었을 때도
　　한 걸음이 그 길의 끝에 닿을 수 있다는 것을

　　이제는 알 것 같습니다
　　첫걸음, 한 걸음을 내딛는 일이
　　경이로운 순간을 마주할 수 있다는 것을

　　하늘이 하늘을 품고 있듯이

그대에게 가는 길은 둘이 아닌

늘 하나인, 한길이겠지요

약속 없는 기다림처럼 그 길은 말이 없습니다

-「시천侍天 길」 전문

오늘

이른 아침

아내 출근길,

뒷모습 바라보며

하얀 마음에

은은한 그리움으로

남몰래 쓴다

'아내는 한울님이다'

마음속 깊은

내 말이 아니다

해월 선생님 말씀!

-「한울님」 전문

김수 시인의 시세계는 '마음 수행'의 궤도를 따라 천천히, 그러나 단단하게 걸어간다. 그 길 위에는 불교의 무심無心과 동학의 시천侍天 사상이 함께 숨 쉬며, 삶의 고통과 감각, 그리고 궁극의 깨달음을 조용히 품고 있다. 앞의 시편들이 불교적 사유를 중심으로 무상과 자비, 언어 너머의 염화미소를 노래했다면, 위의 두 작품은 동학사상에 뿌리를 둔 내면의 진리와 일상 속 신성의 감각을 섬세하게 그려낸다. 그리고 '하늘을 모신다'는 동학의 핵심 개념인 시천주侍天主를 삶 속에서 실천하려는 수행적 태도를 선연하게 보여준다.

「시천侍天 길」은 삶의 여정 자체를 수행의 도정으로 보는 시다. "그땐, 알 수 없었습니다"라는 고백으로 시작되는 시는, 과거의 무지와 혼돈을 회상하며 현재의 깨달음에 이른 과정을 그린다. "첫걸음이 그 길의 끝에 닿을 수 있다"는 것은 매 순간의 행위가 전체를 이루고 있음을 가리킨다. 이러한 사유는 동학의 심즉리心卽理, 즉 마음이 곧 진리라는 관점과도 통한다. 단 한 걸음도 허투루 걷지 않는 수행자의 시선, 매 순간이 진실에 이르는 길이라는 자각이 시 전체를 지배한다. "하늘이 하늘을 품고 있듯이/ 그대에게 가는 길은 둘이 아닌/ 늘 하나인, 한길"이라는 구절은 인내천人乃天 사상을 그대로 품고 있다. 여기에서 '그대'는 인간이자 신성이며, 그 길은 곧 인간과 하늘이 하나임을 확인하는 수행의 길이다. 마지막 행 "그 길은 말이 없습니다"는 마음 수행의 궁극을 함축한다. 진리는 언어 이전에 존재하며, 침묵 속에서 더 뚜렷하게 다가온다. 말이 없는 그 길 위에서 시인은 하늘을 마주하고, 동시에 자신을 마주하고 있는 것이다.

「한울님」은 '시천'의 정신이 일상의 작은 순간에 어떻게 실현되는지를 보여준다. 출근하는 아내의 뒷모습을 바라보며 화자는 "아내는 한울님이다"라는 생각을 떠올린다. 이 짧은 문장은 단순한 사랑의 고백이 아니다. 여기에는 인간을 곧 하늘로 보는 동학적 믿음, 즉 사람 안에 신성이 있다는 심오한 인식이 녹아 있다. 더구나 "내 말이 아니다// 해월 선생님 말씀!"이라고 덧붙임으로써, 이 언표가 단지 개인적 감상에 그치지 않고 수행의 교훈에서 비롯되었음을 밝힌 것이다. 해월 최시형은 "사람 섬기기를 하늘 섬기듯 하라"라고 했고, 이 시는 그 가르침을 시적 감각으로 체현한다. 수행이란 거창한 경전이나 의례에 있지 않고, 가족을 대하는 일상적 시선 속에도 깃들 수 있다는 사실이야말로 동학적 수행의 참뜻일 것이다.

이처럼 「시천 길」과 「한울님」은 동학의 심성과 철학을 시로 실천하고자 하는 내면의 고백이자 다짐이다. 인간 안의 신성을 바라보는 눈, 언어 이전의 깨달음을 침묵으로 품는 자세, 그리고 그 모든 것을 삶 속에서 실천하려는 마음이 이 시편들에 깃들어 있다. '말이 없는 길'을 걷는 시인의 마음 수행은 결국 '신을 모시는 마음'이 아니라, '사람을 통해 신을 발견하는 마음'으로 귀결된다.

역사와 사회를 껴안는 마음

김수 시인의 시세계는 수행의 길을 따라 사적인 고요에서 시작해, 공적인 절규로 확장된다. 그의 시는 단지 '안으로 향하는 마음'에 머물지 않는다. 오히려 그 마음은 역사와 사회의 아픔을 직시하고, 상처 입은 타자의 고통에 깊이 공명할 뿐만 아니라 그것을 함께 껴안고자 한다. 특히 제주 4·3, 5·18 광주민주화운동, 노동운동, 세월호, 이태원 참사 등 이 땅의 비극들을 바라보는 그의 시선은 분노와 절망보다 더 깊은 '함께 아파하려는 마음'에서 출발한다. 그의 시에는 정의와 평화, 자유를 염원하는 진심이 고요하면서도 뜨겁게 흐르고 있으며, 그것은 곧 마음 수행의 사회적 확장이라 할 수 있다.

80년 5월, 더할 나위 없이 푸르른 봄날이었지
시민들은 봄날의 축제를 준비하기 시작했고
독재자들은 득의에 찬 음모를 숨기고 있었지
은밀한 사이렌이 사방팔방으로 흐르기 시작하자
소리 소문 없이 낯익은 이웃들이 사라지기 시작했지
이때, 용봉동에는 봄날의 청춘들이 속속 모여들었고
독재자의 명령으로 망나니들은 날뛰기 시작했지
소문에 꼬리를 물고 금남로에는 수많은 사람이 모이고
예견된 공포의 시간이 스며들기 시작했지
오후 1시, 동해 물과 백두산이 흐르자
일제히 하늘에서는 굉음이 울리고
탕, 탕, 탕, 계획된 총알이 뿜어져 나왔지
금남로에는 피와 살이 솟구치기 시작했지
무등산도 차마 슬픔에 젖어 고개를 떨구고 말았지
어떤 이는 메마른 가슴으로, 누군가는 피눈물로
태극기를 준비하고 합동 장례를 준비하고 있었지
남녘의 모든 도시와 들녘에 봄의 시간은 멈추어 섰지
거리마다 주먹밥을 나누고 피를 나누며
공포와 죽음 속에서도 고립된 광주는 하나가 되었지
그날 이후로 멈출 수 없는 노래는
영산강을 건너, 저 산맥을 넘어 메아리로 흐르고 있지

-「금남로 연서」전문

*"오늘은 실패로 끝나지만
미래는 승리자로 기억될 것입니다…"*

이렇듯,
오월 시민군 대변인 그대는
죽음의 순간을 앞두고 민주주의의 희망을
만천하에 선언하셨습니다

그리고 말씀하셨지요

*"우리가 역사 앞에서 부끄럽지 않기 위해서는
누군가 목숨을 내걸어야 한다고…"*

총알 한 발도 쏘지 못했던
아니, 쏘지 않았던
지고지순한 평화주의자인
그대여!

아직, 그대 살아 있다면

동학농민군이 건넜던 황룡강 강가에서
야학의 친구들과 피리 불고 기타를 치면서

어깨춤 노래 부르고 있겠지요

그대, 우리 곁에 살아 있다면

어느 날, 어릿광대가 되어
동네방네 웃는 세상 보여주겠지요

더할 나위 없이 순박한 날이면
기순에게 멋진 연애시 한 편으로
출렁이는 사랑 보여주겠지요

그대 살아 있다면!

-「그대 살아 있다면」부분

「금남로 연서」는 1980년 5월 광주의 참혹한 진실을 담담하고도 절절하게 되살린다. 시민들은 축제를 준비했으나, 독재자는 음모를 숨기고 있었고, 공권력은 '소리 소문 없이' 이웃들을 사라지게 만들었다. 일상 속에 스며드는 공포, 그리고 이어지는 피의 진압, 즉 '계획된 총알'은 국가폭력의 의도성과 잔혹함의 은유이다. 따라서 "더할 나위 없이 푸르른 봄날"이라는 구절에서 '봄'은 역설이 된다.

화자는 피와 죽음의 현장을 서사적으로 재현하면서도, 그것을 단지 과거의 사건으로 방치하지 않는다. 그는 그 시간과 공간 안으로 들어가, 봄날의 청춘들과 함께 금남로에 서 있고, 무등산의 슬픔을 함께 느낀다. 시적 자아는 "공포와 죽음 속에서도 고립된 광주는 하나"가 되었다고 회상한다. 이는 광주가 단지 피해자가 아닌, 민주주의의 숭고한 주체였음을 말하고 있는 것이다. 또한 단순한 연민의 언어가 아니라, 마음 깊이에서 우러나는 연대의 언어이며, 역사와 진실을 향한 윤리적 선언인 것이다. 마지막에 이르러 '멈출 수 없는 노래'는 영산강을 넘어 전국으로 메아리친다. 이것은 5·18의 진실은 아직도 현재형으로 살아 있어 강물로, 메아리로 흐르고 있음을 암시한다.

「그대 살아 있다면」은 윤상원 열사를 기리는 시로, 단순한 추모를 넘어 '살아 있는 존재로서의 윤상원'을 오늘에 소환한다. "우리가 역사 앞에서 부끄럽지 않기 위해서는/ 누군가 목숨을 내걸어야 한다"는 윤 열사의 마지막 말은 죽음을 각오한 결단과 함께, 그 선택이 역사에 남긴 의미가 얼마나 크고 묵직한지에 대한 인식을 담고 있다.

화자는 윤상원을 '지고지순한 평화주의자'라 부르며, 그가 총을 들지 않고도 투쟁의 상징이 되었음을 강조한다. 그리고 가정법으로 전개되는 상상은 시적 상실을 더욱 선명하게 한다. "살아 있다면"이라는 구절이 반복될수록, 그의 부재는 더욱 아프게 와닿는다. 그러나 이 아픔은 절망이 아니라 희망으로 이어진다. "어릿광대가 되어/ 동네방네 웃는 세상 보여주겠지요"와 같은 상상은, 윤상원이 꿈꾸던 사회가 어떤 모습이었는지를 역설적으로 드러낸다. 그것은 바로 웃음과 노래가 흐르고, 사랑과 평등이 넘치는 세상이다.

시의 마지막, "기순에게 멋진 연애시 한 편으로/ 출렁이는 사랑 보여주겠지요"라는 대목은 비극 속에 놓인 사랑의 온기를 되살린다. 이 땅의 혁명은 피와 총칼만으로 이뤄지지 않았다는 사실, 그것은 눈물겨운 사랑과 사람 사이의 믿음, 인간에 대한 근원적인 애정이 있었기에 가능한 일이었음을 시사해준다.

> 오늘은 11월 13일,
> 당신의 기일이군요
>
> 그때가 1970년이니
> 세월이 참 많이 지났습니다
> 오늘 당신의 이름으로 된 평전을

다시 읽었습니다

요즘
아침에 일터로 나간 형제들이
하루에도 몇 명씩 돌아오지 못하고 있다는
뉴스를 날마다 접하고 있습니다

아마
당신의 평전을 다시 읽은 이유일 겁니다

날마다 명복을 비는 나라에서
무엇을 할 것인가?
어떻게 살 것인지?
당신에게 묻고 싶은 거겠지요

당신은
어린 여공들에게 풀빵을 사주기 위해
버스비를 아껴 두 시간을 걸어 다녔지요

당신의 일기장에 쓰인 글귀도 보았습니다
"나에게 대학생 친구가 한 명만 있었더라도……"

그런 당신은

어머니의 긴 머리카락을 판 돈으로
근로기준법을 사서 읽었지요

(*"우리는 기계가 아니다!*
내 죽음을 헛되이 말라!")

타오르는 불꽃으로
사람답게 사는 세상을 향해
'인간선언'을 하였습니다

예수보다 더 짧은 생을 살다 간
당신의 선한 사랑을 마주하고 있습니다
　　　　　　－「당신의 평전을 다시 읽으며」 전문

나는
금남로 '전일245빌딩' 옥상에서
하늘을 보았네

빛숨을 품고서 내려오는
무등산 너머 환한 미소에서

오래된 마음의 음성을 들었네

숨을 들이쉬며 한 문장을
숨을 내쉬며 또 한 문장을
하얀 마음에 새기기 시작했네

무안에서 팽목항에서 이태원에서
금남로에서 남태령에서 광화문에서
머물며 떠돌던 하늘을,

나는 보았네!

다시,
살으라 살라
말하는 그 하늘을,

'전일245빌딩' 옥상에서
나는 보았네!

— 「나는 하늘을 보았네」 전문

 김수 시인의 시세계는 늘 마음의 자리에서 출발하여 사회의 중심으로 나아간다. 그 마음은 다름 아닌 고통받는 이웃을 향한 자비심이자, 부당한 현실에 맞선 정의감이며, 그릇된 체제를 직시하는 통찰이다. 시인은 한국 현대사의 깊은 상처를 응시하면서, 역사의 주체로 살아갔던 이들의 '마음의 기록'을 시어로 옮긴다. 이는 시대적 질문을 품은 '문학적 실천'이며 '사회적 성찰'이다.

「당신의 평전을 다시 읽으며」는 우리 역사에서 가장 뜨겁고도 고통스러운 이름 가운데 하나인 '전태일'을 정면으로 호명한다. 화자는 전태일의 기일에 다시금 그의 평전을 읽으며, 오늘날 반복되는 노동 현장의 참혹한 현실을 마주한다. "아침에 일터로 나간 형제들이/ 하루에도 몇 명씩 돌아오지 못하고 있다는/ 뉴스"는 1970년의 전태일이 아니라, 지금 이 순간의 전태일들을 호출한다. 화자는 '당신'의 삶과 죽음이 단지 과거의 사건이 아니라, 여전히 현재진행형인 사회문제임을 강조하며, 역사는 아직 끝나지 않았다고 말한다.

시 속의 전태일은 인간의 존엄을 외친 '불꽃'으로 등장한다. "우리는 기계가 아니다!"라는 외침과 "내 죽음을 헛되이 말라!"는 유언은 시인의 언어를 통해 다시 살아난다. 화자는 이 외침을 인용하는 방식으로 단순한 회고를 넘어서 전태일의 정신을 되살린다.

더불어 "어머니의 긴 머리카락을 판 돈으로/ 근로기준법을 사서 읽었지요"와 같은 서술은, 열사의 삶이 거창한 이념이 아니라, 구체적인 생활 속 절절한 몸짓이었다는 사실을 떠올리게 한다. 이러한 접근은 전태일을 신화화하거나 추상화하지 않고, 그를 '살아 있는 인간'으로 복원하는 윤리적 태도이기도 하다.

「나는 하늘을 보았네」는 시간과 공간을 확장시킨다. 전일빌딩 245 옥상에서 바라본 하늘은 단지 전태일의 죽음만이 아니라, 광주, 팽목항, 이태원 등 한국 사회의 여러 비극적 현장을 품는다. 시적 화자는 "무안에서 팽목항에서 이태원에서/ 금남로에서 남태령에서 광화문에서/ 머물며 떠돌던 하늘을" 보았다고 고백한다. 여기서 하늘은 단지 자연의 하늘이 아니라, 역사의 증언자이며 고통의 목격자이다. 시인은 그 하늘 속에서 오래된 슬픔과 절규, 그리고 살아남은 자의 사명을 동시에 듣는다.

위의 두 시를 관통하는 핵심은 '기억의 윤리'이다. 김수 시인에게 기억은 단순한 회상이 아니라, 오늘을 살아가는 방식에 대한 성찰이다. "날마다 명복을 비는 나라"에서 우리는 "무엇을 할 것인가?/ 어떻게 살 것인지?"라는 질문 앞에 서게 된다. 시인은 이 질문을 회피하지 않고 정면으로 응시한다. 그것은 곧 전태일에게, 광주에, 세월호에, 이태원에 희생된 이들에게 우리가 '어떤 존재'로 살아갈 것인가에 대한 윤리적 물음이다.

이러한 시인의 태도는, 불교적 연기緣起 의식과 동학적 생명 존중 사상, 그리고 시대정신에 뿌리를 둔 '참여적 영성'이라 할 수 있다. '하늘'과 '불꽃'은 단순한 상징이 아니라, 끊임없이 윤회하는 고통의 현장을 관통하며 생명과 연대의 시선을 회복하게 만드는 근본 이미지이다. 시인은 그 하늘에서 "살으라 살라/ 말하는 그 하늘"의 음성을 듣는다. 그 음성은 단지 위로가 아니라, 살아남은 자들에게 주어진 윤리적 명령이기도 하다.

김수 시인은 역사의 상처를 시로 쓰는 것이 아니라, 시를 통해 그 상처를 함께 감각하게 만드는 독특한 윤리적 미학을 보여준다. 죽은 자들의 언어를 빌려 살아 있는 자들의 길을 묻는 시, 그로 인해 다시 시작되는 '인간 선언'. 그것이야말로 오늘 우리에게 필요한 가장 깊은 시적 목소리일 것이다.

김수 시인은 시를 통해 고요히, 그러나 단호하게 말한다. 세속과 삶의 고통을 피해 고요한 자리에 앉는 것이 아니라, 그 고통의 한가운데서 마음의 길을 묻는다. 그의 시에서 '마음'은 단지 감정의 수동적 반응이 아니라, 끊임없이 깨어나고 내려놓으며, 품고자 하는 행동적이고 윤리적인 실천의 자리다. 그 실천은 개인에서 사회로, 내면에서 외부로 향하는 구조를 지닌다. 그래서 그의 시는 독백이면서 동시에 응답이고, 명상이면서 동시에 선언이다. 과거를 기억하는 것이 아니라, 기억 속에서 오늘을 살아가는 방법을 배우는 것이다.